The Magic Christmas Donkey: Bilingual Portuguese-English Christmas Stories for Kids

Pomme Bilingual

Published by Pomme Bilingual, 2024.

THE MAGIC CHRISTMAS DONKEY: BILINGUAL PORTUGUESE-ENGLISH CHRISTMAS STORIES FOR KIDS

First edition. November 12, 2024.

Copyright © 2024 Pomme Bilingual.

ISBN: 979-8224507597

Written by Pomme Bilingual.

Table of Contents

O Burro Mágico de Natal

Era véspera de Natal em uma pequena aldeia coberta pela neve. Zé, o burrinho, estava em sua estrebaria, olhando para o céu estrelado através da janela. Ele sempre sonhou em ajudar o Papai Noel a entregar os presentes de Natal. Mas havia um problema: Zé era muito pequeno, tímido e, por mais que quisesse ser útil, sempre passava despercebido pelos outros animais da fazenda.

— Eu sou só um burrinho comum — pensava Zé, suspirando. — Como posso ajudar o Papai Noel?

Enquanto isso, em algum lugar distante, no Polo Norte, o Papai Noel estava se preparando para sua grande viagem. Seus renas estavam prontos, com seus cascos batendo alegremente na neve, mas algo estava errado. Algumas das renas estavam doentes, e não conseguiam voar.

— Oh, não! O que vamos fazer? — exclamou o Papai Noel, coçando a barba. — Se eu não tiver as renas a tempo, não conseguirei entregar os presentes!

Zé estava ouvindo tudo, preocupado. Ele sabia que esta era a oportunidade que ele esperava, mas ele era muito pequeno para ajudar. Ainda assim, uma voz suave e misteriosa apareceu atrás dele.

— Zé, você é mais corajoso do que imagina.

Zé se virou assustado e viu um boneco de neve sorrindo para ele.

— Eu sou Neve, o boneco de neve mágico. E você, Zé, tem um grande coração. Ajudarei você a cumprir sua missão. — disse Neve.

Com um aceno de sua mão, Neve fez aparecer uma pequena campainha dourada.

— Esta campainha é mágica. Ela vai te guiar, Zé, e dar-lhe a coragem necessária para voar pelo céu, mesmo sem as renas. Você pode fazer isso!

Zé, com os olhos brilhando de emoção, pegou a campainha e olhou para Neve.

— Mas... Eu sou tão pequeno. Como posso ser de ajuda?

— O tamanho não importa — respondeu Neve. — Às vezes, os corações mais pequenos têm a maior capacidade de fazer grandes coisas. Vá, Zé. O Natal precisa de você.

Com o coração acelerado, Zé partiu na direção do céu estrelado. Ele agitou a campainha, e algo incrível aconteceu: uma luz suave envolveu o pequeno burrinho, e ele começou a flutuar no ar, como uma renazinha. A neve ao seu redor cintilava com uma beleza mágica enquanto Zé subia cada vez mais alto.

Zé voou pelas aldeias, levando presentes e espalhando alegria. Cada casa que ele visitava parecia mais especial do que a anterior, com crianças e adultos sorrindo ao ver o burro mágico que os visitava. Quando o último presente foi entregue, Zé sentiu uma felicidade imensa.

Ele finalmente entendeu: a verdadeira magia do Natal não estava apenas nos presentes ou nas renas, mas na alegria de dar e compartilhar.

Quando ele voltou para casa, Neve estava lá esperando por ele.

— Você fez um trabalho maravilhoso, Zé. O Natal está salvo, graças ao seu coração valente.

Zé sorriu, feliz por ter aprendido que, mesmo os mais pequenos, podem fazer grandes coisas quando têm coragem e um coração cheio de amor.

E assim, naquela noite mágica de Natal, Zé, o burrinho tímido, se tornou um verdadeiro herói.

Feliz Natal, Zé!

The Magic Christmas Donkey

It was Christmas Eve in a small snow-covered village. Zé, the little donkey, was in his stable, looking out at the starry sky through the window. He had always dreamed of helping Santa Claus deliver Christmas presents. But there was one problem: Zé was very small, shy, and no matter how much he wanted to be helpful, he was always overlooked by the other animals on the farm.

"I'm just an ordinary donkey," thought Zé, sighing. "How can I help Santa Claus?"

Meanwhile, far away at the North Pole, Santa Claus was getting ready for his big journey. His reindeer were ready, their hooves happily tapping on the snow, but something was wrong. Some of the reindeer were sick and couldn't fly.

"Oh no! What are we going to do?" Santa exclaimed, scratching his beard. "If I don't have the reindeer in time, I won't be able to deliver the presents!"

Zé was listening to all of this, concerned. He knew this was the opportunity he had been waiting for, but he was too small to help. Still, a soft and mysterious voice appeared behind him.

"Zé, you are braver than you think."

Zé turned around in surprise and saw a snowman smiling at him.

"I'm Neve, the magical snowman. And you, Zé, have a big heart. I will help you fulfill your mission," said Neve.

With a wave of his hand, Neve made a small golden bell appear.

"This bell is magical. It will guide you, Zé, and give you the courage you need to fly through the sky, even without the reindeer. You can do this!"

Zé, his eyes shining with excitement, took the bell and looked at Neve.

"But... I'm so small. How can I be of help?"

"Size doesn't matter," replied Neve. "Sometimes, the smallest hearts have the greatest ability to do big things. Go, Zé. Christmas needs you."

With his heart racing, Zé headed toward the starry sky. He shook the bell, and something amazing happened: a soft light surrounded the little donkey, and he began to float in the air, just like a little reindeer. The snow around him sparkled with a magical beauty as Zé soared higher and higher.

Zé flew through the villages, delivering presents and spreading joy. Every house he visited seemed more special than the last, with children and adults smiling as they saw the magical donkey who visited them. When the last present was delivered, Zé felt a deep happiness.

He finally understood: the true magic of Christmas wasn't just in the presents or the reindeer, but in the joy of giving and sharing.

When he returned home, Neve was there waiting for him.

"You did a wonderful job, Zé. Christmas is saved, thanks to your brave heart."

Zé smiled, happy to have learned that even the smallest ones can do great things when they have courage and a heart full of love.

And so, on that magical Christmas night, Zé, the shy little donkey, became a true hero.

Merry Christmas, Zé!

A Padaria de Natal dos Sonhos

<hr>

Na pequena cidade de Encantolândia, conhecida por suas mágicas e deliciosas iguarias natalinas, a família de Lucia administrava a famosa Padaria dos Sonhos. Todos os anos, os habitantes da cidade aguardavam ansiosos pela época do Natal, pois sabiam que, na padaria de Lucia, surgiam os biscoitos mais extraordinários que podiam ser imaginados.

Lucia amava a padaria. Acordava cedo, ajudava sua mãe a preparar as massas e sempre se sentia envolvida pelo cheiro doce de canela, baunilha e chocolate que preenchia o ar. Mas, um dia, enquanto organizava o sótão da padaria, Lucia fez uma descoberta incrível. Em uma velha caixa de madeira, ela encontrou um livro antigo e empoeirado, com páginas amareladas e capa de couro. O título, em letras douradas, dizia: "Receitas Mágicas de Natal".

Curiosa, Lucia começou a folhear as páginas e logo percebeu que o livro estava repleto de receitas que ela nunca havia visto antes—receitas de biscoitos que faziam coisas incríveis. "Biscoitos que dançam", "Biscoitos que voam" e até "Biscoitos que crescem árvores de doces!" Lucia ficou encantada. Sem perder tempo, ela decidiu tentar uma das receitas mais curiosas: "Biscoitos de gengibre que voam".

Ela seguiu cada passo da receita com cuidado, misturando os ingredientes na tigela. Quando terminou, ela colocou a massa no forno e esperou. Ao abrir a porta do forno, algo maravilhoso aconteceu: os biscoitos de gengibre começaram a se mexer! Eles saltaram da assadeira, se levantaram e começaram a voar pelo ar, batendo suas perninhas como se estivessem dançando.

Lucia riu de alegria e espanto, mas logo percebeu que a magia estava se espalhando para outros biscoitos que ela havia feito. Biscoitos de açúcar começaram a dançar uma valsa ao som do vento, e uma árvore de Natal, que ela havia decorado com balas e chocolates, começou a crescer rapidamente, soltando bastões de doce-cane de seus galhos.

— Uau, o que está acontecendo? — exclamou Lucia, olhando ao redor.

A magia estava ficando fora de controle. Enquanto Lucia tentava capturar os biscoitos dançantes e parar a árvore de Natal de crescer, o pátio da padaria se encheu de biscoitos voadores e doces saltitantes. Os outros habitantes da cidade começaram a ouvir o barulho da bagunça e vieram ver o que estava acontecendo.

— Lucia, o que está acontecendo na sua padaria? — perguntou Dona Mariana, a senhora da loja ao lado.

Lucia ficou muito preocupada. Ela sabia que tinha que encontrar uma maneira de controlar a magia antes que fosse tarde demais, pois o Natal estava chegando e a cidade inteira precisaria de seus presentes e doces para celebrar. Então, ela se lembrou de uma parte da receita que dizia: "A magia se acalma quando o coração é cheio de amor e alegria."

Lucia, com seu coração cheio de esperança, correu para os biscoitos e os doces saltitantes, pedindo desculpas por não ter compreendido que a magia deveria ser usada com cuidado. Ela falou suavemente com a árvore que crescia descontrolada:

— Por favor, árvore, pare de crescer. Eu só queria fazer algo bonito para o Natal.

E, de repente, algo mágico aconteceu: os biscoitos pararam de dançar e voar, a árvore parou de crescer, e tudo voltou ao seu devido lugar. A magia havia se acalmado. Lucia sabia que, com amor e compreensão, ela poderia controlar até a maior das magias.

Quando o Papai Noel passou pela cidade naquela noite, ele fez uma pausa na Padaria dos Sonhos e disse a Lucia:

— Você fez a magia mais bonita de todas, Lucia. Você trouxe alegria e beleza ao Natal. E isso é o que realmente importa.

E assim, Lucia aprendeu que, mesmo com a magia em suas mãos, o mais importante era a alegria que ela compartilhava com os outros. Sua padaria, sempre cheia de sonhos e risadas, se tornou o lugar mais mágico da cidade.

Feliz Natal, Lucia!

The Dreamy Christmas Bakery

In the small town of Enchantoland, known for its magical and delicious Christmas treats, Lucia's family ran the famous Dream Bakery. Every year, the townspeople eagerly awaited the Christmas season because they knew that at Lucia's bakery, the most extraordinary cookies could be imagined.

Lucia loved the bakery. She woke up early, helped her mother prepare the dough, and always felt enveloped by the sweet smell of cinnamon, vanilla, and chocolate that filled the air. But one day, while organizing the attic of the bakery, Lucia made an incredible discovery. In an old wooden box, she found an ancient, dusty book with yellowed pages and a leather cover. The title, in golden letters, read: "Magical Christmas Recipes".

Curious, Lucia began to flip through the pages and soon realized that the book was filled with recipes she had never seen before—recipes for cookies that did amazing things. "Dancing cookies," "Flying cookies," and even "Cookies that grow candy trees!" Lucia was enchanted. Without wasting any time, she decided to try one of the most curious recipes: "Gingerbread Cookies that Fly".

She carefully followed each step of the recipe, mixing the ingredients in the bowl. When she was done, she placed the dough in the oven and waited. When she opened the oven door, something wonderful happened: the gingerbread cookies started moving! They jumped off the baking sheet, stood up, and began flying through the air, flapping their little legs as if they were dancing.

Lucia laughed in delight and astonishment, but soon realized that the magic was spreading to other cookies she had made. Sugar cookies began waltzing to the sound of the wind, and a Christmas tree, which she had decorated with candies and chocolates, began growing rapidly, releasing candy canes from its branches.

"Wow, what's happening?" Lucia exclaimed, looking around.

The magic was getting out of control. As Lucia tried to capture the dancing cookies and stop the Christmas tree from growing, the bakery's courtyard filled with flying cookies and hopping sweets. The other townspeople started to hear the commotion and came to see what was happening.

"Lucia, what's going on in your bakery?" asked Mrs. Mariana, the lady from the shop next door.

Lucia was very worried. She knew she had to find a way to control the magic before it was too late, because Christmas was coming, and the whole town would need her presents and treats to celebrate. Then, she remembered a part of the recipe that said: "The magic calms down when the heart is full of love and joy."

With her heart full of hope, Lucia ran to the flying cookies and hopping sweets, apologizing for not understanding that magic should be used carefully. She spoke gently to the out-of-control tree:

"Please, tree, stop growing. I just wanted to make something beautiful for Christmas."

And suddenly, something magical happened: the cookies stopped dancing and flying, the tree stopped growing, and everything returned to its rightful place. The magic had calmed down. Lucia knew that, with love and understanding, she could control even the greatest of magic.

When Santa Claus passed through the town that night, he made a stop at the Dream Bakery and said to Lucia:

"You made the most beautiful magic of all, Lucia. You brought joy and beauty to Christmas. And that is what truly matters."

And so, Lucia learned that even with magic in her hands, the most important thing was the joy she shared with others. Her bakery, always full of dreams and laughter, became the most magical place in the town.

Merry Christmas, Lucia!

O Rei de Natal

Na pequena vila de Vila das Estrelas, todos esperavam ansiosos pela chegada do Natal, mas havia uma tradição que sempre chamava a atenção: o título de "Rei de Natal". Todo ano, o menino mais exigente e barulhento da vila ganhava esse título. E quem era o escolhido? João. João era um garoto egoísta e mandão, que sempre queria as coisas do seu jeito. Ele gritava, reclamava e, com sua voz alta, conseguia sempre o que queria.

Na véspera de Natal, todos se reuniam na praça para a grande festa, onde o "Rei de Natal" fazia seu pedido especial. E João, como sempre, não perdia a chance de pedir o maior, mais belo e mais espetacular de todos os presentes.

— Eu quero a árvore de Natal mais alta do mundo! — ordenou João, como se fosse um verdadeiro rei.

Todos na vila riram nervosamente, sabendo que João sempre fazia pedidos exagerados. Mas, naquele ano, algo estranho aconteceu. Quando João fez seu pedido, um brilho mágico apareceu na praça. De repente, uma enorme árvore de Natal começou a crescer no meio da vila, exatamente como João havia pedido.

Mas essa árvore não parou de crescer. Ela cresceu e cresceu, até que começou a tomar conta de toda a praça, depois das ruas, e logo estava invadindo as casas e lojas da vila. Seus galhos se estendiam para o céu e seus pinheiros enormes estavam espalhando as decorações e luzes por toda parte. A árvore parecia não ter fim!

— O que está acontecendo? — exclamou João, olhando assustado para a árvore que agora estava engolindo a vila. — Eu só queria a maior árvore, não tudo isso!

A árvore continuava a crescer, e logo estava dominando todo o horizonte. As casas estavam sendo soterradas por seus galhos e as pessoas da vila começavam a ficar preocupadas.

— João, o que você fez? — perguntou a sua mãe, desesperada, ao ver a vila sendo tomada pela árvore gigante.

João tentou pedir ajuda, mas a árvore estava tão grande que ele não conseguia nem se mover direito entre seus galhos. Ele olhou para as pessoas ao seu redor, que estavam com medo e confusas.

Foi então que ele percebeu: seus desejos egoístas haviam causado o caos na sua amada vila. Ele não tinha pensado nas consequências e, agora, toda a vila estava em perigo.

Foi quando ele se lembrou das histórias que sua avó lhe contava sobre o verdadeiro espírito do Natal. Ela sempre dizia: "O Natal não é sobre coisas grandes ou brilhantes, mas sobre amor, partilha e união". João olhou para a árvore gigante e percebeu que, para resolver o problema, ele teria que mudar sua maneira de pensar.

— Eu fiz tudo errado — disse João, com a voz tremendo. — Eu só pensei em mim mesmo.

João começou a pedir desculpas, não só para as pessoas da vila, mas também para a árvore. Ele sabia que a árvore havia crescido por causa de sua própria ganância. Com um grande suspiro, ele fez um pedido diferente:

— Por favor, árvore, pare de crescer. Eu aprendi que o Natal não é sobre ter mais, mas sobre dar e compartilhar.

Ao dizer essas palavras, algo mágico aconteceu. A árvore parou de crescer, e seus galhos começaram a encolher. As casas e lojas da vila foram lentamente desobstruídas, e a praça voltou ao seu tamanho normal.

João sentiu uma onda de gratidão e felicidade, não por ter pedido a maior árvore, mas por ter aprendido o verdadeiro significado do Natal.

No dia seguinte, quando todos estavam reunidos na praça para a celebração, o título de "Rei de Natal" foi dado a João, mas desta vez, ele não gritou por isso. Ele se aproximou de sua mãe e dos outros habitantes da vila e, com um sorriso humilde, disse:

— Eu não mereço ser o Rei de Natal. O Natal é sobre todos nós, juntos, cuidando uns dos outros.

E assim, João aprendeu que a verdadeira magia do Natal não estava nos presentes ou nas árvores gigantes, mas no amor e na bondade compartilhados entre as pessoas. A partir daquele Natal, ele se tornou um novo João, mais generoso e compreensivo, que sempre se lembrava do verdadeiro espírito natalino.

Feliz Natal, João!

The Christmas King

In the small village of Starville, everyone eagerly awaited Christmas, but there was one tradition that always stood out: the title of "Christmas King." Every year, the most demanding and loudest boy in the village earned this title. And who was chosen? João. João was a selfish and bossy boy who always wanted things his way. He yelled, complained, and with his loud voice, he always got what he wanted.

On Christmas Eve, everyone gathered in the town square for the big celebration, where the "Christmas King" would make his special request. And João, as always, wouldn't miss the chance to ask for the biggest, most beautiful, and most spectacular gift of all.

"I want the tallest Christmas tree in the world!" demanded João, as if he were a true king.

Everyone in the village laughed nervously, knowing that João always made over-the-top requests. But this year, something strange happened. When João made his wish, a magical glow appeared in the square. Suddenly, a huge Christmas tree began to grow in the middle of the village, just as João had asked.

But this tree didn't stop growing. It grew and grew until it started taking over the whole square, then the streets, and soon it was spreading into houses and shops throughout the village. Its branches stretched up to the sky, and its enormous pines scattered decorations and lights everywhere. The tree seemed endless!

"What's happening?" João exclaimed, staring in shock at the tree now engulfing the village. "I just wanted the tallest tree, not all of this!"

The tree kept growing, soon dominating the entire horizon. The houses were buried under its branches, and the villagers began to worry.

"João, what have you done?" his mother asked desperately, watching the giant tree take over the village.

João tried to ask for help, but the tree was so massive that he couldn't even move among its branches. He looked around at the people, who were scared and confused.

It was then that he realized: his selfish wishes had caused chaos in his beloved village. He hadn't thought about the consequences, and now the entire village was in danger.

He remembered the stories his grandmother used to tell him about the true spirit of Christmas. She always said, "Christmas isn't about big or shiny things, but about love, sharing, and togetherness." João looked at the giant tree and realized that to fix the problem, he'd have to change his way of thinking.

"I did everything wrong," João said, his voice trembling. "I only thought of myself."

João began to apologize, not only to the people in the village but also to the tree. He knew the tree had grown because of his own greed. With a deep sigh, he made a different request:

"Please, tree, stop growing. I've learned that Christmas isn't about having more, but about giving and sharing."

As he said these words, something magical happened. The tree stopped growing, and its branches began to shrink. The houses and shops in the village were slowly cleared, and the square returned to its normal size.

João felt a wave of gratitude and happiness, not because he'd wished for the tallest tree, but because he'd learned the true meaning of Christmas.

The next day, when everyone gathered in the square for the celebration, the title of "Christmas King" was given to João. But this time, he didn't shout for it. He approached his mother and the other villagers and, with a humble smile, said:

"I don't deserve to be the Christmas King. Christmas is about all of us, together, taking care of one another."

And so, João learned that the true magic of Christmas wasn't in the gifts or giant trees, but in the love and kindness shared among people. From that Christmas on, he became a new João, more generous and understanding, always remembering the true spirit of Christmas.

Merry Christmas, João!

O Trem de Natal

Na pequena cidade de Vila Nevosa, Pedro e seu fiel cachorro, Foguete, estavam muito animados para o Natal. Eles passavam os dias contando os minutos para a manhã de Natal, quando poderiam abrir os presentes e celebrar com sua família. Mas, em uma véspera de Natal especialmente mágica, algo inesperado aconteceu.

Era uma noite fria, e a neve cobria tudo ao redor. Pedro e Foguete estavam brincando perto das colinas nevadas atrás de sua casa quando, de repente, algo chamou sua atenção. No meio das árvores cobertas de neve, surgiu uma luz brilhante e um som suave, como o de um trem. Intrigados, Pedro e Foguete seguiram a trilha de luz até encontrarem algo surpreendente: um trem antigo e mágico estacionado, com o nome "Trem do Natal Perdido" brilhando nas laterais.

— O que é isso, Foguete? — perguntou Pedro, com os olhos arregalados de surpresa.

Foguete latiu de alegria e, sem pensar duas vezes, Pedro entrou no trem, seguindo seu cachorro curioso. O trem era acolhedor, cheio de luzes cintilantes e cheirava a chocolate quente e canela. Mas, quando Pedro tentou voltar, percebeu que as portas do trem estavam fechadas, e ele não conseguia sair. O trem começou a se mover lentamente, subindo pela colina coberta de neve e levando Pedro e Foguete para um lugar desconhecido.

Quando o trem parou, Pedro e Foguete desceram e perceberam que estavam em um mundo mágico e peculiar. Ao redor deles, havia criaturas encantadoras e estranhas: um elfo superanimado com um sorriso tão grande quanto a lua, um reno sonolento que tentava, sem sucesso, manter os olhos abertos, e até bonecos de neve falantes que dançavam e cantavam canções natalinas.

— Bem-vindo ao Mundo do Natal Mágico! — exclamou o elfo animado, pulando ao redor de Pedro. — Eu sou o Pippo, o elfo mais feliz do mundo! Como posso ajudar?

Pedro estava maravilhado, mas logo percebeu que algo estava errado.

— Pippo, eu acho que preciso voltar para casa. Não sei como chegar lá. — Pedro disse, olhando ao redor com preocupação.

O elfo, agora mais sério, coçou a cabeça e respondeu:

— Hmm, a viagem de volta não é fácil. O Trem do Natal Perdido só volta para casa quando o Natal é salvo. E para isso, precisamos da ajuda de todos!

Juntamente com Pippo, o elfo, Pedro e Foguete começaram a explorar o mundo mágico. Conheceram criaturas extraordinárias como ratos dançarinos que ensinavam passos de dança e neve encantada que caía suavemente de árvores de Natal mágicas. Mas, mesmo com toda a diversão, Pedro sentia falta de casa e queria voltar para sua família antes que o Natal terminasse.

— Como podemos voltar para casa? — perguntou Pedro, olhando ansioso para o céu estrelado.

O reno sonolento, chamado Neve, acordou com um grande espirro e disse:

— Eu sei! A resposta está na magia do Natal. Para voltar, precisamos dar algo de volta ao mundo mágico: um ato de bondade verdadeira.

Pedro pensou por um momento e teve uma ideia. Ele percebeu que, embora estivesse perdido, ele podia fazer algo de bom por essas criaturas mágicas. Ele e Foguete começaram a ajudar os outros a decorar a grande árvore de Natal no centro da praça, compartilhando doces com os bonecos de neve e cuidando dos animais.

Pippo, o elfo, estava muito feliz com a bondade de Pedro e Foguete. Ele bateu palmas e exclamou:

— Isso mesmo, Pedro! O espírito do Natal é sobre dar, não sobre receber. Agora, vocês estão prontos para voltar para casa!

Com um sorriso de satisfação, Pedro subiu no trem com Foguete. Antes de partir, o elfo Pippo deu-lhe um presente: uma pequena estrela dourada que brilhava com a luz do Natal.

— Quando você olhar para o céu, lembre-se de que a magia do Natal sempre estará com você. — disse Pippo, acenando com a mão.

O trem se moveu novamente, e, em um piscar de olhos, Pedro e Foguete estavam de volta à Vila Nevosa. O céu estava agora cheio de estrelas cintilantes e a neve caía suavemente sobre as casas. O Natal estava perfeito.

— Foguete, conseguimos! — disse Pedro, abraçando seu cachorro com alegria. — O verdadeiro espírito do Natal é ajudar os outros e espalhar bondade.

E assim, Pedro aprendeu que o Natal não era apenas sobre presentes ou festas, mas sobre o que podemos oferecer aos outros com amor e generosidade. E, sempre que olhava para o céu, a estrela dourada que o elfo lhe deu brilhava, lembrando-lhe da mágica que ele levaria no coração para sempre.

The Christmas Train

In the small town of Snowyville, Pedro and his loyal dog, Rocket, were eagerly awaiting Christmas. They spent their days counting down the minutes to Christmas morning, when they could open gifts and celebrate with their family. But on a particularly magical Christmas Eve, something unexpected happened.

It was a cold night, and snow covered everything around. Pedro and Rocket were playing near the snowy hills behind their house when, suddenly, something caught their attention. Amid the snow-covered trees, a bright light appeared, along with a soft sound, like that of a train. Intrigued, Pedro and Rocket followed the trail of light until they discovered something astonishing: an old, magical train parked there, with the name "The Train of the Lost Christmas" glowing on its side.

"What is this, Rocket?" asked Pedro, his eyes wide with surprise.

Rocket barked joyfully, and without a second thought, Pedro stepped onto the train, following his curious dog. The train was warm and cozy, filled with twinkling lights and the smell of hot chocolate and cinnamon. But when Pedro tried to leave, he realized the doors were closed, and he couldn't get out. The train began to move slowly, climbing the snow-covered hill and taking Pedro and Rocket to an unknown destination.

When the train finally stopped, Pedro and Rocket stepped out and saw they were in a magical, peculiar world. All around them were enchanting and unusual creatures: a super-excited elf with a grin as big as the moon, a sleepy reindeer struggling to keep its eyes open, and even talking snowmen who were dancing and singing Christmas carols.

"Welcome to the Magical Christmas World!" exclaimed the elf, bouncing around Pedro. "I'm Pippo, the happiest elf in the world! How can I help?"

Pedro was amazed, but he soon realized something was wrong.

"Pippo, I think I need to get back home. I don't know how to get there," Pedro said, looking around worriedly.

The elf, now more serious, scratched his head and replied, "Hmm, the journey back isn't easy. The Train of the Lost Christmas only returns home when Christmas is saved. And for that, we need everyone's help!"

Together with Pippo the elf, Pedro and Rocket began to explore the magical world. They met extraordinary creatures like dancing mice who taught them dance moves and enchanted snow that drifted softly from magical Christmas trees. But even with all the fun, Pedro missed home and wanted to return to his family before Christmas was over.

"How can we get home?" Pedro asked, gazing up at the starry sky.

The sleepy reindeer, named Snow, woke up with a big sneeze and said, "I know! The answer is in the magic of Christmas. To return, we need to give something back to the magical world: an act of true kindness."

Pedro thought for a moment and had an idea. He realized that, even though he was lost, he could still do something good for these magical creatures. He and Rocket started helping others decorate the grand Christmas tree in the center of the square, sharing treats with the snowmen, and caring for the animals.

Pippo the elf was overjoyed by Pedro and Rocket's kindness. He clapped his hands and exclaimed, "That's it, Pedro! The spirit of Christmas is about giving, not receiving. Now, you're ready to go home!"

With a satisfied smile, Pedro boarded the train with Rocket. Before they left, Pippo handed him a gift: a small golden star that shone with the light of Christmas.

"When you look up at the sky, remember that the magic of Christmas will always be with you," said Pippo, waving goodbye.

The train moved once more, and in the blink of an eye, Pedro and Rocket were back in Snowyville. The sky was now filled with sparkling stars, and snow gently fell over the houses. Christmas was perfect.

"Rocket, we did it!" said Pedro, hugging his dog with joy. "The true spirit of Christmas is helping others and spreading kindness."

And so, Pedro learned that Christmas wasn't just about presents or parties, but about what we can give to others with love and generosity. And every time he looked up at the sky, the golden star the elf gave him would shine, reminding him of the magic he would carry in his heart forever.

O Fantasma de Natal que Odiava o Natal

Na borda da Floresta de Natal, havia uma pequena casa velha e isolada, onde morava um fantasma chamado Veloso. Veloso era um fantasma peculiar: ele não gostava de nada, mas tinha uma aversão especial ao Natal. Aquele período do ano, com sua alegria, risos e músicas festivas, o incomodava profundamente. Ele se escondia nas sombras, longe das luzes brilhantes e das vozes que se espalhavam pela vila. Para ele, o Natal só significava barulho, confusão e felicidade que ele não podia entender.

Certa véspera de Natal, uma menina chamada Clara estava perdida na Floresta de Natal. Ela havia se afastado um pouco de sua casa para explorar, mas o frio e a neve a fizeram se perder. Ela vagou pela floresta até que viu a pequena casa de Veloso. Sem saber o que a aguardava, ela bateu na porta.

— Olá? — chamou Clara com uma voz tímida. — Eu estou perdida. Você pode me ajudar?

Veloso, que estava observando tudo do canto mais escuro da casa, ficou surpreso. Era raro alguém aparecer por ali, e ele nunca tinha ouvido uma voz tão doce e calma quanto a de Clara. Relutante, ele decidiu aparecer.

— O que você está fazendo aqui? — perguntou o fantasma com uma voz grave e assustadora, mas Clara não se assustou. Ela apenas olhou para ele com curiosidade.

— Eu me perdi na floresta. Estava indo para casa e... Bem, agora não sei onde estou. — respondeu Clara, com um sorriso gentil. — Mas é bom que encontrei alguém! Eu ouvi histórias sobre esta floresta, e sempre disseram que ela era mágica. Quem é você?

— Eu sou Veloso, o fantasma desta casa. E não gosto de ser incomodado — respondeu Veloso, com um ar de desprezo. — O Natal é a pior época do ano. Todo aquele barulho, as pessoas rindo, cantando, trocando presentes... É insuportável!

Clara o olhou com surpresa. Ela nunca imaginaria que um fantasma pudesse odiar o Natal.

— Mas o Natal é uma época de alegria! — disse ela, com entusiasmo. — É quando as pessoas se juntam, compartilham amor e cuidam umas das outras. As ruas ficam lindas, e as casas cheias de luzes! O Natal traz algo muito especial... Um sentimento de união e felicidade.

Veloso bufou e virou-se, frustrado.

— Eu não entendo essa tal de alegria. Para mim, sempre foi uma época de solidão. As pessoas riem, mas ninguém pensa no que os outros sentem. E as músicas, as luzes, tudo isso... Me faz sentir ainda mais sozinho.

Clara ficou pensativa por um momento. Então, ela se aproximou do fantasma e olhou para ele com um sorriso suave.

— Eu entendo como você se sente. Às vezes, a solidão é difícil de suportar. Mas o Natal é a época perfeita para mudar isso! Você sabia que no Natal, até mesmo os corações mais tristes podem se aquecer com o amor que compartilhamos? — ela disse, com uma voz calma.

Veloso olhou para Clara, um pouco surpreso com sua compreensão. Ele nunca tinha ouvido alguém falar assim antes. Clara continuou, com uma alegria genuína:

— No Natal, as pessoas se ajudam. Elas dão o melhor de si. E é isso que torna a noite especial. Quem sabe, se você deixasse o Natal entrar em seu coração, você não se sentiria mais... menos sozinho?

Veloso, tocado pelas palavras de Clara, sentiu algo que não sentia há muito tempo: uma pequena chama de esperança. Ele nunca havia considerado que o Natal poderia ser algo mais do que festas e ruídos. Talvez, depois de tanto tempo, ele estivesse apenas com medo de mudar.

— Eu... eu nunca pensei nisso dessa forma — disse Veloso, olhando para Clara com um brilho em seus olhos fantasmais. — Talvez eu tenha me fechado demais, talvez... seja hora de mudar.

Clara sorriu com carinho.

— Eu acho que seria maravilhoso se você experimentasse. Vamos decorar a sua casa? Podemos fazer algo bem bonito, só para você ver como o Natal pode ser acolhedor e feliz.

E assim, Veloso, pela primeira vez, deixou Clara ajudá-lo a decorar sua velha casa. Eles penduraram luzes cintilantes, colocaram enfeites coloridos e até um pequeno presépio de Natal. Veloso, com um sorriso tímido, observou a transformação de sua casa. Ele sentiu algo que não experimentava há muito tempo: um pouco de alegria.

Naquela noite, enquanto as estrelas brilhavam no céu e a neve caía suavemente, Veloso e Clara se sentaram perto da janela, olhando para o mundo mágico da Floresta de Natal. Clara estava feliz por ter feito um novo amigo, e Veloso, pela primeira vez em muitos anos, sentiu-se em paz.

— Você tem razão, Clara — disse Veloso, com um sorriso suave. — O Natal realmente tem algo mágico. Talvez eu tenha perdido muito tempo me fechando para ele.

Clara riu e colocou sua mão sobre a do fantasma.

— Não é tarde demais para mudar, Veloso. O Natal nos ensina que sempre podemos começar de novo.

Na manhã seguinte, Clara se despediu de Veloso e seguiu seu caminho de volta para casa, mas prometeu que sempre voltaria para visitar seu novo amigo. Veloso, agora com um coração mais leve, ficou na porta da casa e olhou para as luzes de Natal brilhando na floresta. Ele sabia que, daquele momento em diante, o Natal seria um tempo de renovação e esperança.

E assim, Veloso aprendeu que, mesmo para um fantasma, o Natal tem o poder de transformar corações e trazer a verdadeira alegria.

The Christmas Ghost Who Hated Christmas

On the edge of the Christmas Forest, there stood a small, old, and isolated house, home to a ghost named Veloso. Veloso was a peculiar ghost: he didn't like much of anything, but he had a particular aversion to Christmas. That time of year, with its joy, laughter, and festive music, bothered him deeply. He hid in the shadows, away from the bright lights and cheerful voices that spread through the village. For him, Christmas only meant noise, chaos, and a happiness he couldn't understand.

One Christmas Eve, a little girl named Clara found herself lost in the Christmas Forest. She had wandered a bit too far from home exploring, but the cold and snow had caused her to lose her way. She wandered through the forest until she spotted Veloso's little house. Not knowing what awaited her, she knocked on the door.

"Hello?" Clara called in a timid voice. "I'm lost. Can you help me?"

Veloso, watching everything from the darkest corner of his house, was surprised. It was rare for anyone to show up there, and he had never heard a voice as sweet and calm as Clara's. Reluctantly, he decided to show himself.

"What are you doing here?" asked the ghost in a deep, scary voice, but Clara wasn't frightened. She simply looked at him with curiosity.

"I got lost in the forest. I was trying to go home, and... well, now I don't know where I am," Clara replied with a gentle smile. "But it's good I found someone! I've heard stories about this forest, and they always said it was magical. Who are you?"

"I'm Veloso, the ghost of this house. And I don't like being disturbed," Veloso replied with a look of disdain. "Christmas is the worst time of year. All that noise, people laughing, singing, exchanging gifts... it's unbearable!"

Clara looked at him with surprise. She never imagined a ghost could hate Christmas.

"But Christmas is a time of joy!" she said enthusiastically. "It's when people come together, share love, and take care of each other. The streets are beautiful, and the houses are full of lights! Christmas brings something very special... a feeling of togetherness and happiness."

Veloso scoffed and turned away, frustrated.

"I don't understand this so-called joy. To me, it's always been a time of loneliness. People laugh, but no one thinks about how others feel. And the music, the lights, all of it... it just makes me feel even more alone."

Clara thought for a moment. Then, she moved closer to the ghost and looked at him with a gentle smile.

"I understand how you feel. Sometimes loneliness is hard to bear. But Christmas is the perfect time to change that! Did you know that at Christmas, even the saddest hearts can warm up with the love we share?" she said softly.

Veloso looked at Clara, a bit surprised by her understanding. He had never heard anyone speak this way before. Clara continued, with a genuine cheerfulness:

"At Christmas, people help each other. They give the best of themselves. And that's what makes the night special. Who knows, if you let Christmas into your heart, maybe you wouldn't feel so... alone?"

Veloso, touched by Clara's words, felt something he hadn't felt in a long time: a tiny spark of hope. He had never thought of Christmas as anything more than parties and noise. Perhaps, after so long, he was just afraid to change.

"I... I never thought of it that way," Veloso said, looking at Clara with a shimmer in his ghostly eyes. "Maybe I've shut myself off too much, maybe... it's time to change."

Clara smiled warmly.

"I think it would be wonderful if you tried. Shall we decorate your house? We could make it really beautiful, just so you can see how warm and joyful Christmas can be."

And so, for the first time, Veloso let Clara help him decorate his old house. They hung twinkling lights, put up colorful ornaments, and even set up a little Nativity scene. Veloso, with a shy smile, watched his house transform. He felt something he hadn't experienced in a long time: a little bit of joy.

That night, as stars shone in the sky and snow fell softly, Veloso and Clara sat by the window, looking out at the magical world of the Christmas Forest. Clara was happy to have made a new friend, and Veloso, for the first time in many years, felt at peace.

"You're right, Clara," Veloso said with a gentle smile. "Christmas truly has something magical. Maybe I've wasted too much time closing myself off from it."

Clara laughed and placed her hand over the ghost's.

"It's never too late to change, Veloso. Christmas teaches us that we can always start anew."

The next morning, Clara bid Veloso farewell and found her way back home, but she promised she would always return to visit her new friend. Veloso, now with a lighter heart, stood at the door and looked out at the Christmas lights shining in the forest. He knew that from then on, Christmas would be a time of renewal and hope.

And so, Veloso learned that even for a ghost, Christmas has the power to transform hearts and bring true joy.

O Pequeno Ajudante de Natal, Tomás

Tomás era um menino travesso de Lisboa, conhecido por suas traquinagens e pela mania de causar confusão por onde passava. Adorava brincar com seus amigos, pregar peças nos adultos e, claro, meter-se em encrenca. No fundo, no entanto, Tomás tinha um segredo: ele sonhava em ser um dos ajudantes do Papai Noel. Queria viver a magia do Natal e ajudar a entregar os presentes para todas as crianças ao redor do mundo.

Uma véspera de Natal, enquanto Tomás olhava pela janela e via as luzes cintilantes nas ruas, ele fez um desejo silencioso:

— Ah, como eu adoraria ser um ajudante do Papai Noel! — disse, suspirando, com um sorriso sonhador.

E, como por mágica, Papá Noel ouviu seu desejo.

Naquela noite, enquanto o resto da cidade dormia profundamente, Tomás acordou com um barulho peculiar vindo da janela. Ele levantou-se rapidamente e, para sua surpresa, encontrou Rodolfo, o renas do Papai Noel, em seu jardim! Rodolfo olhou para ele com seus olhos brilhantes e disse:

— Tomás, Papai Noel escolheu você para ser um ajudante nesta noite. Vamos entregar presentes! — e, sem esperar resposta, Rodolfo alçou voo, levando Tomás em uma jornada mágica.

Tomás, sem acreditar na sorte que estava tendo, subiu rapidamente na carruagem de Papai Noel, que estava estacionada no quintal de sua casa. O trenó estava cheio de pacotes coloridos, e a magia no ar era inconfundível. Tomás se sentou ao lado de Papai Noel, que sorriu calorosamente.

— Bem-vindo, Tomás! Hoje você vai ajudar a espalhar alegria para todas as crianças — disse Papai Noel, ajeitando seu chapéu vermelho.

Mas, enquanto o trenó voava pelos céus, Tomás não conseguia parar de olhar para tudo ao seu redor. Ele estava tão deslumbrado com a neve caindo e as estrelas brilhando que logo começou a brincar e fazer travessuras, como sempre fazia. Colocava a mão na neve e fazia formas engraçadas, jogava neve para o alto e até cantava no caminho. Ele estava se divertindo tanto que esqueceu de prestar atenção no que estava fazendo.

Papai Noel, com sua voz calma, tentou lembrá-lo.

— Lembre-se, Tomás, a missão é muito importante. Precisamos entregar os presentes corretamente para todas as crianças. Você não pode se distrair agora.

Mas Tomás estava tão empolgado que não ouviu direito. Ele estava ocupado demais para perceber que o trenó estava indo em direção à casa errada. Quando eles finalmente pousaram, não era na casa de uma criança gentil e alegre, mas em uma casa vazia e sombria, onde não havia ninguém esperando por presentes.

— Oh, não! — exclamou Tomás, olhando para Papai Noel, que ficou preocupado. — Acho que me distraí demais! Como vamos consertar isso antes que o sol nasça?

Com um pouco de pânico, Tomás e Papai Noel olharam ao redor, tentando encontrar uma solução. Rodolfo, o renas, estava inquieto, balançando as orelhas e batendo as patas, como se soubesse que algo estava errado.

Tomás teve uma ideia.

— Talvez possamos entregar os presentes rapidamente na casa certa! Eu posso ir sozinho! — disse ele, pegando uma sacola de presentes.

Com a ajuda de Rodolfo, Tomás voou de volta para o céu e começou a correr contra o tempo, entregando os pacotes na casa certa. Correu de um lado para o outro, pulando de janela em janela, sempre com a ajuda de Rodolfo para se locomover rapidamente. Era uma corrida contra o tempo, mas Tomás estava determinado a fazer as coisas certas.

Quando ele finalmente terminou e os presentes estavam entregues, o céu estava começando a clarear. O sol estava prestes a nascer. Tomás, cansado, mas muito feliz, voltou ao trenó de Papai Noel.

— Conseguimos! — disse Tomás com um sorriso largo.

Papai Noel, com um sorriso também, colocou a mão no ombro de Tomás.

— Você aprendeu uma lição importante, Tomás. O Natal é sobre responsabilidade e amor, não apenas sobre diversão. Mas fico feliz que tenha corrigido seu erro a tempo. Agora, você entende que o que fazemos é muito importante para trazer alegria às pessoas.

Tomás assentiu, sentindo-se mais maduro do que nunca.

— Você está certo, Papai Noel. Eu vou ser mais responsável da próxima vez. E, de agora em diante, vou sempre me lembrar que o Natal é um momento para ajudar os outros!

Com isso, o trenó subiu novamente ao céu estrelado, e Tomás viu a cidade de Lisboa iluminada abaixo, cheia de luzes e alegria. Ele sabia que havia vivido uma noite mágica, e, mesmo sendo um menino travesso, ele agora tinha aprendido a importância de fazer o bem.

E assim, Tomás tornou-se o ajudante de Natal mais travesso e ao mesmo tempo o mais responsável que Papai Noel já teve!

Feliz Natal, Tomás!

The Little Christmas Helper

Tomás was a mischievous boy from Lisbon, known for his pranks and his habit of causing trouble wherever he went. He loved playing with his friends, pulling pranks on adults, and, of course, getting into all kinds of mischief. However, Tomás had a secret dream: he wanted to be one of Santa's helpers. He longed to experience the magic of Christmas and help deliver presents to children all around the world.

One Christmas Eve, while looking out the window at the twinkling lights on the streets, he made a silent wish:

"Oh, how I would love to be Santa's helper!" he sighed, with a dreamy smile.

And, as if by magic, Santa heard his wish.

That night, as the city slept soundly, Tomás was woken up by a peculiar noise outside his window. He quickly got up and, to his surprise, found Rudolph, Santa's reindeer, standing in his yard! Rudolph looked at him with his bright eyes and said:

"Tomás, Santa chose you to be his helper tonight. Let's go deliver presents!" Without waiting for an answer, Rudolph took off, taking Tomás on a magical journey.

Tomás, barely believing his luck, quickly climbed onto Santa's sleigh, parked right outside his house. The sleigh was filled with colorful packages, and the air was filled with unmistakable magic. Tomás sat next to Santa Claus, who gave him a warm smile.

"Welcome, Tomás! Tonight, you'll help us spread joy to children everywhere," Santa said, adjusting his red hat.

But as the sleigh flew through the skies, Tomás couldn't stop looking around in wonder. He was so dazzled by the falling snow and shining stars that he soon started playing and making mischief, just as he always did. He scooped up snow and made funny shapes, tossed it in the air, and even sang along the way. He was having so much fun that he forgot to pay attention to what he was supposed to be doing.

Santa, in his calm voice, tried to remind him.

"Remember, Tomás, this mission is very important. We need to deliver the presents properly to all the children. You can't get distracted now."

But Tomás was so excited he didn't really listen. He was too busy to realize that the sleigh was heading to the wrong house. When they finally landed, they were at a dark, empty house where no one was waiting for presents.

"Oh, no!" Tomás exclaimed, looking at Santa, who looked worried. "I think I got too distracted! How are we going to fix this before the sun rises?"

A bit panicked, Tomás and Santa looked around, trying to find a solution. Rudolph, the reindeer, was restless, twitching his ears and tapping his hooves, as if he knew something was wrong.

Tomás had an idea.

"Maybe we can quickly deliver the presents to the right house! I can go alone!" he said, grabbing a bag of presents.

With Rudolph's help, Tomás flew back into the sky and started racing against time, delivering packages to the correct house. He dashed back and forth, hopping from window to window, always with Rudolph helping him move swiftly. It was a race against time, but Tomás was determined to make things right.

When he finally finished and the presents were delivered, the sky was beginning to brighten. The sun was about to rise. Tomás, tired but very happy, returned to Santa's sleigh.

"We did it!" Tomás said with a big smile.

Santa, smiling too, placed a hand on Tomás's shoulder.

"You learned an important lesson, Tomás. Christmas is about responsibility and love, not just fun. But I'm glad you corrected your mistake in time. Now you understand that what we do is very important to bring joy to others."

Tomás nodded, feeling more grown-up than ever.

"You're right, Santa. I'll be more responsible next time. From now on, I'll always remember that Christmas is a time to help others!"

With that, the sleigh rose again into the starry sky, and Tomás looked down at the city of Lisbon, glowing below with lights and joy. He knew he had experienced a magical night, and even though he was a mischievous boy, he had now learned the importance of doing good.

And so, Tomás became Santa's most mischievous but also most responsible helper ever!

Merry Christmas, Tomás!

Um Desejo de Natal na Praia

Sofia vivia em uma pequena aldeia costeira, onde o Natal era comemorado de uma maneira bem diferente. Enquanto as outras pessoas ao redor do mundo celebravam com neve e árvores de Natal brilhantes, em sua vila, o Natal vinha com o som das ondas quebrando nas pedras e o canto alegre das gaivotas sobre o mar. As casas eram decoradas com conchas e estrelas-do-mar, e as famílias se reuniam para festejar ao som do vento e do mar.

Na véspera de Natal, Sofia estava sozinha na praia, olhando as ondas que se estendiam até onde os olhos podiam ver. O céu estava limpo e estrelado, e o cheiro da brisa salgada trazia uma sensação de paz. No fundo do seu coração, Sofia fez um pedido silencioso.

— Eu só queria um milagre de Natal — pensou ela. — Algo que tornasse este Natal especial para minha família e para mim.

Ela suspirou, sem saber que, naquele momento, seu desejo estava prestes a ser atendido de uma maneira muito inesperada.

Enquanto caminhava ao longo da areia, algo estranho apareceu diante dela. Uma enorme sombra surgiu do mar, movendo-se lentamente em direção à praia. Sofia parou, com o coração acelerado, e viu uma criatura misteriosa: uma tartaruga muito velha, com a carapaça coberta por algas e estrelas-do-mar. A tartaruga se aproximou e, para a surpresa de Sofia, falou com uma voz suave e profunda.

— Olá, Sofia. Eu sou Tartaruga Natalina, e vim para lhe conceder um desejo de Natal.

Sofia ficou sem palavras, olhando para a criatura que parecia ter saído de um conto de fadas. A tartaruga sorriu gentilmente e continuou:

— Você tem direito a um único desejo. Pode pedir o que quiser, mas lembre-se: um desejo deve ser feito com o coração puro e com muito cuidado.

Sofia ficou pensativa. Ela podia pedir algo para si mesma, como o brinquedo que sempre sonhou ou a viagem dos seus sonhos, mas algo no fundo de seu coração dizia que esse desejo deveria ser para algo maior.

Ela olhou para o mar, pensando em sua família. Seu pai trabalhava o ano todo para sustentar a casa, e sua mãe sempre se preocupava com todos, tentando fazer tudo ficar perfeito. Seus irmãos brincavam e riam, mas Sofia sabia que, por dentro, todos eles tinham desafios e preocupações.

— Tartaruga Natalina — disse Sofia com determinação, — meu desejo é que minha família tenha um Natal cheio de felicidade, amor e paz. Que possamos estar juntos e desfrutar de cada momento, sem nos preocupar com as dificuldades da vida.

A Tartaruga Natalina olhou para ela com carinho e assentiu.

— Seu desejo está concedido, Sofia. O amor e a união são os maiores presentes que podemos dar uns aos outros. Lembre-se de que, no Natal, o mais importante é estar com aqueles que amamos e compartilhar momentos especiais.

Com um suave movimento, a Tartaruga Natalina voltou para o mar e desapareceu nas profundezas, deixando para trás uma trilha de luz cintilante sobre a água.

Naquela noite, a família de Sofia se reuniu em sua pequena casa à beira-mar. Quando Sofia contou sobre seu encontro com a Tartaruga Natalina, todos riram, achando que ela estava sonhando. Mas, ao olhar para seus rostos, Sofia percebeu que algo havia mudado. As crianças estavam brincando mais felizes, os adultos estavam sorrindo mais abertamente, e todos estavam mais unidos do que nunca.

O Natal chegou, e era verdadeiramente mágico. Embora o mar continuasse a quebrar suavemente na praia, e as gaivotas voassem acima, havia uma sensação de paz e harmonia que envolvia a casa de Sofia, como se a Tartaruga Natalina tivesse realmente trazido o milagre de Natal que ela desejara.

Sofia aprendeu que, embora os desejos materiais possam ser agradáveis, os verdadeiros milagres de Natal acontecem quando estamos rodeados de amor e juntos com as pessoas que mais importam para nós.

E assim, naquele Natal, Sofia descobriu que o maior presente não era algo que se pudesse embrulhar em papel de presente, mas a alegria de estar ao lado de quem amamos.

A Christmas Wish on the Beach

Sofia lived in a small coastal village where Christmas was celebrated in a unique way. While others around the world enjoyed snow and sparkling Christmas trees, in her village, Christmas came with the sound of waves crashing against the rocks and the cheerful calls of seagulls over the sea. The houses were decorated with seashells and starfish, and families gathered to celebrate to the rhythm of the wind and the ocean.

On Christmas Eve, Sofia found herself alone on the beach, watching the waves stretching as far as the eye could see. The sky was clear and filled with stars, and the salty breeze brought a sense of calm. Deep in her heart, Sofia made a silent wish.

"I just wish for a Christmas miracle," she thought. "Something that would make this Christmas special for my family and me."

She sighed, unaware that at that very moment, her wish was about to come true in the most unexpected way.

As she walked along the sand, something strange appeared before her. A large shadow emerged from the sea, slowly moving toward the shore. Sofia stopped, her heart racing, and saw a mysterious creature: an ancient turtle with a shell covered in seaweed and starfish. The turtle came closer and, to Sofia's astonishment, spoke in a gentle, deep voice.

"Hello, Sofia. I am the Christmas Turtle, and I have come to grant you a Christmas wish."

Sofia was speechless, staring at the creature that seemed straight out of a fairy tale. The turtle smiled kindly and continued:

"You have the right to a single wish. You can ask for anything you want, but remember: a wish should come from a pure heart and be made with care."

Sofia thought carefully. She could ask for something for herself, like the toy she had always dreamed of or the trip of her dreams, but something deep in her heart told her this wish should be for something greater.

She looked out at the sea, thinking of her family. Her father worked all year to support them, and her mother always worried about everyone, trying to make everything perfect. Her siblings played and laughed, but Sofia knew that, deep down, they each had their own challenges and worries.

"Christmas Turtle," Sofia said with determination, "my wish is for my family to have a Christmas full of happiness, love, and peace. That we can be together and enjoy each moment without worrying about life's hardships."

The Christmas Turtle looked at her warmly and nodded.

"Your wish is granted, Sofia. Love and togetherness are the greatest gifts we can give one another. Remember, at Christmas, the most important thing is to be with those we love and to share special moments."

With a gentle motion, the Christmas Turtle returned to the sea, disappearing into the depths and leaving a trail of shimmering light over the water.

That night, Sofia's family gathered in their small seaside home. When Sofia told them about her encounter with the Christmas Turtle, everyone laughed, thinking she had been dreaming. But as she looked at their faces, Sofia noticed something had changed. The children were playing more happily, the adults were smiling more warmly, and everyone felt more connected than ever.

Christmas arrived, and it was truly magical. Though the sea continued to softly break on the shore and seagulls soared above, a sense of peace and harmony enveloped Sofia's home, as if the Christmas Turtle had indeed brought the miracle she had wished for.

Sofia learned that while material wishes may be enjoyable, the real Christmas miracles happen when we're surrounded by love and together with those who matter most.

And so, that Christmas, Sofia discovered that the greatest gift wasn't something wrapped in a box, but the joy of being close to those we love.

Os Duendes Que Esqueceram o Natal

No Polo Norte, onde o inverno nunca parecia ter fim e a neve cobria tudo como um manto branco, os Duendes da Alegria eram conhecidos por sua habilidade em fabricar os brinquedos mais incríveis para as crianças do mundo todo. Cada ano, eles trabalhavam sem parar, criando bonecas, trens, bicicletas e outros brinquedos mágicos para garantir que o Natal fosse perfeito para todos. Mas naquele ano, algo muito estranho aconteceu.

Era véspera de Natal, e todos os duendes estavam ocupados nas suas oficinas, com as mãos rápidas e as mentes focadas em suas tarefas. Porém, algo parecia estar faltando no ar. Nenhum dos duendes cantava canções de Natal, ninguém decorava as árvores com as lindas estrelas brilhantes que sempre adornavam o Polo Norte, e, mais importante ainda, ninguém estava sorrindo como nos outros anos. Eles estavam tão concentrados nos brinquedos que, sem perceber, haviam esquecido de algo muito importante.

Tomás, um pequeno duende curioso e com um grande coração, foi o primeiro a perceber o que estava acontecendo. Ele olhou ao redor e viu os outros duendes trabalhando, mas sem alegria. Não havia risadas, nem abraços, nem palavras gentis entre eles. O espírito do Natal, que sempre os havia acompanhado, parecia ter desaparecido.

Tomás franziu a testa e, com os olhos bem abertos, percebeu a verdade: os duendes haviam se esquecido do verdadeiro significado do Natal. Eles estavam tão focados nos brinquedos que esqueceram de tudo o que fazia o Natal ser especial: o amor, a generosidade e o espírito de união.

Determinado a corrigir o erro, Tomás reuniu seus melhores amigos: Lúcia, a duende que adorava contar histórias, Felipe, o duende que sempre fazia os outros rirem, e Mariana, a duende que tinha um talento especial para fazer os outros se sentirem amados. Juntos, eles decidiram embarcar em uma jornada para redescobrir o verdadeiro significado do Natal e devolver a alegria ao Polo Norte.

Eles viajaram por toda parte, levando presentes para os outros duendes, ajudando uns aos outros com tarefas difíceis e compartilhando sorrisos e palavras gentis. Durante a viagem, Tomás e seus amigos perceberam que, ao fazer o bem aos outros, o espírito de Natal começava a florescer novamente. Cada gesto de bondade parecia espalhar luz, e logo as oficinas começaram a ser preenchidas com risos, canções e o som de sinos de Natal.

Quando chegaram de volta ao centro do Polo Norte, algo maravilhoso aconteceu. Todos os duendes, que haviam estado tão concentrados em seus brinquedos, começaram a perceber o que estavam perdendo. Eles começaram a rir, a cantar, a se abraçar e a se ajudar. O verdadeiro espírito de Natal, aquele que envolvia carinho, generosidade e união, se espalhou por todo o lugar.

Com corações cheios de alegria e a oficina novamente cheia de vida, os Duendes da Alegria terminaram os brinquedos a tempo, mas agora eles sabiam que o Natal não era apenas sobre presentes. Era sobre compartilhar amor e espalhar felicidade.

Naquela noite, as estrelas brilharam mais do que nunca, os sinos tocaram mais alto e o sorriso no rosto de cada duende refletia a verdadeira magia do Natal.

E assim, o Polo Norte voltou a ser o lugar mais alegre do mundo, e Tomás e seus amigos aprenderam que, quando damos de nós mesmos e espalhamos bondade, o Natal nunca deixa de ser mágico.

The Elves Who Forgot Christmas

In the North Pole, where winter never seemed to end and snow covered everything like a white blanket, the Joyful Elves were known for their incredible skills in crafting the most wonderful toys for children around the world. Every year, they worked tirelessly, making dolls, trains, bicycles, and other magical toys to ensure Christmas was perfect for everyone. But that year, something very strange happened.

It was Christmas Eve, and all the elves were busy in their workshops, their hands moving quickly and minds focused on their tasks. However, something seemed to be missing in the air. None of the elves were singing Christmas songs, no one was decorating trees with the beautiful sparkling stars that always adorned the North Pole, and, most importantly, no one was smiling like in previous years. They were so focused on the toys that, without realizing it, they had forgotten something very important.

Tomás, a small, curious elf with a big heart, was the first to notice what was happening. He looked around and saw the other elves working, but without joy. There were no laughs, no hugs, no kind words among them. The Christmas spirit, which had always been with them, seemed to have disappeared.

Tomás frowned and, with wide eyes, realized the truth: the elves had forgotten the true meaning of Christmas. They were so focused on the toys that they had forgotten everything that made

Christmas special—love, generosity, and the spirit of togetherness.

Determined to fix the problem, Tomás gathered his best friends: Lucia, the elf who loved telling stories, Felipe, the elf who always made others laugh, and Mariana, the elf with a special gift for making others feel loved. Together, they decided to set out on a journey to rediscover the true meaning of Christmas and bring joy back to the North Pole.

They traveled everywhere, bringing gifts to other elves, helping each other with difficult tasks, and sharing smiles and kind words. Along the way, Tomás and his friends realized that by doing good for others, the Christmas spirit began to blossom once again. Every act of kindness seemed to spread light, and soon the workshops were filled with laughter, songs, and the sound of Christmas bells.

When they returned to the center of the North Pole, something wonderful happened. All the elves, who had been so focused on their toys, began to notice what they were missing. They started laughing, singing, hugging, and helping each other. The true Christmas spirit, full of warmth, generosity, and unity, spread throughout the entire place.

With hearts full of joy and the workshop alive with festive spirit once more, the Joyful Elves finished the toys on time, but now they knew that Christmas wasn't just about gifts. It was about sharing love and spreading happiness.

That night, the stars shone brighter than ever, the bells rang louder, and the smiles on each elf's face reflected the true magic of Christmas.

And so, the North Pole became the happiest place in the world once again, and Tomás and his friends learned that when we give of ourselves and spread kindness, Christmas never stops being magical.

www.ingramcontent.com/pod-product-compliance
Lightning Source LLC
Chambersburg PA
CBHW061340120726

48001CB00002B/962